AF357188

LETTRES PA-TENTES DV ROY,

portant contrainſte pour proce-
der au recouurement des deniers
prouenans de l'execution de l'Ediſt
faiſt ſur le Reiglement des Hoſtelliers, Cabarettiers & Tauerniers de
ce Royaume.

A PARIS,
Pour CLAVDE DE MONSTR'OEIL, tenant ſa
boutique en la Cour du Palais au nom de Ieſus.
1 6 0 4.

LETTRES PATENTES

du Roy, portant contraincte pour proceddcr au recouurement des deniers prouenans de l'execution de l'Edict faict sur le Reiglement des Hosteliers, Cabarettiers & Tauerniers de ce Royaume.

HENRY par la grace de Dieu Roy de Frāce & de Nauarre, à nostre Huissier ou Sergent premier sur ce requis, Salut. Ayant le feu Roy nostre treshonoré sieur & frere dernier de-

cedé (que Dieu abſolue) par ſon
Ediĉt fait en la conuocation des
Eſtats Generaux tenus à Blois au
mois de Marsmil cinq cents ſoi-
xante & dixſept, veriffié ou be-
ſoin a eſté, donné reiglement ſur
le faiĉt des Hoſtelliers, Cabarettiers, & Tauerniers, & faiĉt deffences àtoutes perſonnes de faire
ledit exercice, ſans auoir pris de
nous permiſſion, & payé la finan-
ce à laquelle ſeroiét taxés: Lequel
Ediĉt auroit eſté executé, ſans aucune reuocation ny empeſche-
ment, iuſques en l'annee quatre-
vingts huiĉt, que à cauſe des trou-
bles generallement ſuruenuz en
ce Royaume, auroit eſté diſcon-
tinué iuſques en l'annee quatre-
vingts quinze, que Dieu par ſa

grace auroit ramené nos ſubiects
à la recognoiſſance de leur deb-
uoir & obeiſsãce qu'ils nous doi-
uent, Aurions par Arreſt de noſtre Conſeil du vingt & vnieſme
Feurier audit an, nous y ſeant, or-
donné, que ladite execution ſe-
roit repriſe & continuee comme
auparauant: Et à ceſt effect commis & deputé en noſtre ville de
Paris, certains perſonnages nota-
bles à nous feaux, pour y proce-
der, l'executer & faire executer,
ſelon la forme & ordre, qui auroit eſté eſtably par noſtredit feu
ſieur & frere, auec pouuoir de
ſubdeleguer tels de nos Eſleus &
autres nos Iuges, qu'ils ~~le verriõt~~
eſtre à propos pour la commodi-
té des parties. Et d'autant qu'il eſt

A iij

neceſſaire faire, pluſieurs cõman-
dements & executions, pour l'effect que deſſus, & qui en deſpẽd,
A CES CAVSES, te mandons,
commandons, & treſ-expreſſe-
ment enioignons, que tu ayes à
faire de par nous cõmandement,
à tous les Hoſteliers, Tauerniers,
& Cabarettiers qu'il t'apparoiſtra
par les roolles de noſdits Com-
miſſaires Generaux eſtablis à Paris, ou particulliers ſur le lieux, &
qu'ils feront cy apres, ſignez de
leurs Greffiers, eſtre tenus payer à
cauſe de leur taxe pour cõtinuer
leur exercice de l'acquiter &
payer ez mains de ceux qui ſerõt
commis en chacune Generalité,
ou Eſlection, pour en faire la recepte par les quitances de noſtre

cher & biẽ amé M^e. Anne Iaque-
lin Threforier de nos baftiments
par nous Commis & fubrogé au
lieu & place de feu M^e. Iean Iac-
quelin fon pere, à la Recepte ge-
neralé defdicts deniers, & non
d'autre: Et ceux qui feront rede-
uables par obligation, breuets &
promeffes, à caufe de l'atermoye-
ment qui leur aura efté & fera
faict cy apres, pour les foullager,
au payement de leurfdites taxes:
& pareillement affigner lefdicts
Cõmis par deuant lefdicts Com-
miffaires Generaux ou leurfdits
Subdeleguez, pour eftre leurs cõ-
ptes examinez, clos & arreftez, &
payer le reliqua, ou à faute, y e-
ftre par toy cõtraints, cõme pour
nos propres deniers & affaires, &

de mettre à deuë & entiere execution, tous les mandeméts fen-
tences & contraintes de nofdits
Commiflaires Generaux & particulliers, & tous autres actes generallement quelsconques, de-
pendances de cefte execution:
Sçauoir, ce qui depend du iuge-
ment de nofdits Commiflaires
Generaux comme iugemét fou-
uerain : Et pour le regard des particulliers, fans preiudice des op-
pofitions & appellatiós, clameur
de haro, Chartre normande, pri-
fe à partie, & autres priuilleges,
ordónances, & deffences à ce có-
traires : La cognoiflance defquel-
les fi aucuns interuiennent, nous
auons renuoyee & renuoyons,
par ces prefentes aufdits Cómif-
faires

faires Generaux, pour estre par
eux iugez selon, & ainsi qu'il est
porté par le pouuoir par nous à
eux sur ce donné, Et icelle auons
deffenduë & deffendõs à toutes
nos Cours souueraines, & autres
nos Iuges & officiers generalle-
mét quelconques, & de s'entre-
mettre du faict desdites permis-
siõs n'y y dóner ou apporter aucun trouble, empeschement, ne
retardemét, Pour lesquels ne sera
par toy l'execution desdites pre-
sentes differee ne retardee : Def-
fendant semblablement aux parties de se pourueoir ailleurs, que
par deuant nosdits Commissaires
Generaux: Le tout sur les peines
contenus & portés par plusieurs
nos Arrests, nomméemét celluy

donné à Folembray le neufiefme
Ianuier 1596. coppie collatiōnée
duquel eft cy attaché fous le con-
trefeel de noftre Chancellerie,
fans y vfer d'aucune remife, lon-
gueur ou difficulté, ny pour ce
demander aucun placet vifa ne
pareatis. De ce faire accomplir,
t'auons donné & donnons pouuoir, puiffance, authorité & má-
dement fpecial. Mandons, Commandons, & ordonnons, à tous
nofdits Iufticiers, Officiers, &
fubjets qu'à toy en ce faifant foit
obey, preftent & donnent ayde,
confeil, cōfort, mainforte & pri-
fon li meftier eft, & par toy requis en font. Cat tel eft noftre
plaifir. Et pour ce que de ces prefentes l'on pourra auoir affaire en

plusieurs & diuers lieux, nous voulons qu'au vidimus d'icelle, deuëment collationné par l'vn de nos amez & feaux Notaires & Secretaires foy foit adiouftee, & execution s'en enfuiue, côme au prefent original. Dôné a Paris le xiij. iour de Ianuier, l'an de grace mil fix cens quatre, Et de noftre regne le quinziefme, Signé Henry. Et plus bas, Par le Roy, Potier. Et feellé du grand fceau de cire iaune.

*Collationné à l'Original par moy
Confeiller, Notaire & Secre-
taire du Roy.*